艺苑书香

广州美术学院师生藏书票

郑星球 编

上海科学技术文献出版社

Shanghai Scientific and Technological Literature Press

图书在版编目（CIP）数据

艺苑书香：广州美术学院师生藏书票 / 郑星球编 . —上海：
上海科学技术文献出版社，2022
ISBN 978-7-5439-8675-6

Ⅰ . ①艺⋯ Ⅱ . ①郑⋯ Ⅲ . ①书票—中国—图集②版画—
作品集—中国—现代 Ⅳ . ① G262.2-64 ② J227

中国版本图书馆 CIP 数据核字 (2022) 第 179570 号

策划编辑：张　树
责任编辑：苏密娅　栾　鑫
封面设计：合育文化

艺苑书香：广州美术学院师生藏书票
YIYUANSHUXIANG: GUANGZHOU MEISHUXUEYUAN SHISHENG CANGSHUPIAO
郑星球　编
出版发行　上海科学技术文献出版社
地　　址　上海市长乐路 746 号
邮政编码　200040
经　　销　全国新华书店
印　　刷　商务印书馆上海印刷有限公司
开　　本　889mm×1194mm　1/32
印　　张　6.125
版　　次　2023 年 1 月第 1 版　2023 年 1 月第 1 次印刷
书　　号　ISBN 978-7-5439-8675-6
定　　价　138.00 元
http://www.sstlp.com

主编的话

　　藏书票是随着西方活字印本图书的产生与收藏而出现的微型艺术品，广泛应用于王室、教会、大学、图书馆等机构与个人的藏书上。藏书票自诞生后五百多年来，栖居书中，与书日夜厮守，亲密无间，是藏书者忠实的护书精灵，受到了众多艺术家的垂青和爱书人的宠爱。藏书票不因其小而微不足道，它从形式到内涵，方寸之间无不焕发着中西文化的缤纷映影。

　　藏书票作为艺术品，技法丰富多样，现已成为国际性的绘画创作对象，我们可据此析微察异，欣赏不同技巧、制作与色彩的精微之处，观察书间精灵多姿的身影。

　　藏书票作为收藏品，画面千秋纷呈，现已进入世界性的艺术收藏行列，我们能从中显微阐幽，品味各种题材、内涵与图案的微妙之趣，凝视书间精灵可爱的笑容。

　　"书香艺趣丛书"中的藏书票均是上海图书馆中国文化名人手稿馆收藏的艺术家捐赠品。这些作品的作者老少咸集，各擅其长；画面风采旖旎，各有寓意；票主名贤汇聚，各庭其表……从中可管窥上海图书馆藏书票的收藏。

　　让我们打开书本，在书香中寻觅艺术之趣，与书间的这些"小精灵"一起读书、爱书、藏书吧。

黄显功

2021 年 4 月 23 日

沪粤藏书票"双城记"

　　2021年正逢中国现代版画诞生90周年。回望沪粤版画与藏书票的历程，其"地缘"与"艺缘"的结缘，演绎了刻刀下多彩的印痕。

　　1931年夏天，上海内山书店老板内山完造之弟内山嘉吉来沪度暑假。一天，他收到学生寄来的几张"暑期问候"的明信片，上面印着学生的暑期作业木刻版画。为了向不了解木刻的兄嫂介绍技法，内山嘉吉拿出随身带来的刻刀等工具，边刻边讲解。适逢内山完造的好友鲁迅先生来访，看了他的木刻演示后，爱好版画的鲁迅，当场要求内山嘉吉给一些从事美术工作的中国青年传授木刻技法。感到意外的内山嘉吉起初婉拒了此邀请，最后在哥哥的劝说下才答应了下来。8月17日早晨，鲁迅先生穿着崭新的白长衫走进内山书店，与等候的内山嘉吉一起前往长春路上内山完造租来教日语的教室。连续6天的木刻讲习会，4天讲课、2天实习，鲁迅不仅全程参与，还带来自己所收藏的版画供13位学员观摩。内山嘉吉曾回忆道："我讲得很卖力，鲁迅先生也忙得够呛，讲习时，我坐学生中间，鲁迅当翻译，他说的话要比我多一倍，还对我讲得不充分的地方做补充说明。"（内山嘉吉:《中国版画与我》,《鲁迅研究集刊》第1辑，上海文艺出版社，1979年版）这次木刻讲习会是中国现代版画诞生的标志。其中粤籍学员几近半数，有陈广、陈铁耕、顾洪干、黄山定、邓启凡、钟步清六位，他们作为中国现代版画的先驱，为版画的发展作出了重要贡献，同时对之后的广东版画艺术产生了深远的历史影响。

藏书票作为版画创作的一个类型，同样受到了早期粤籍版画家的重视。李桦在"九·一八"事变后愤而离日回国，在广州市立美术学校任教师。他响应鲁迅倡导的"新兴木刻运动"，发起组织"现代创作版画研究会"（简称"现代版画会"），不定期出版会刊《现代版画》，每期手印50本，共出版了18期。李桦多次将此刊寄给鲁迅汇报和求教。1935年5月出版的第9期为"藏书票特辑"，收录了11张藏书票。这本已知的中国最早的藏书票作品集在我国藏书票艺术创作历史中具有里程碑意义。这些具有明确票主与作者信息的早期藏书票，不仅是研究中国藏书票史的重要实物文献，也见证了粤籍版画家在中国藏书票艺术发展过程中所作出的历史贡献。这份珍贵的文献因鲁迅的收藏而保存至今，承载了中国藏书票艺术光辉的一页。据《鲁迅日记》中的记载统计，鲁迅所收藏的中国早期藏书票有24张，均来自粤籍版画家唐英伟、李桦、赖少奇的寄赠。这些现藏于上海鲁迅纪念馆的藏品，正是当年沪粤版画倡导者与青年版画家结缘的纽带，铭刻了两地的艺术之缘。

在中国现代版画90年的历史上，广东不仅在版画方面具有重要地位，产生了一批杰出的版画家，在藏书票的艺术推广方面也有一系列显耀的记录。除前述的早期历史外，近年来，中国美术家协会藏书票研究会在东莞市莞城美术馆连续举办了第十四、十五、十六、十七届全国藏书票暨小版画艺术展和第二、第四届全国青年藏书票暨小版画艺术展，东莞成为进入21世纪以来承办国内藏书票大展次数最多的城市。广州美术学院自2010年创办了高水平的"广州国际藏书票暨小版画双年展"，至2021年已成功举办了四届，成为业内最具品牌影响力的国际藏书票大展之一，同时出版了多本与展览配套的藏书票及小版画作品集。由此可见，广东的艺术家在继承和弘扬藏书票艺术基因与文化传统上，谱写了历史新篇章。

广州美术学院作为广东省高等艺术学府，赓续了鲁迅倡导的现代版画传统，当年木刻讲习会的学员陈铁耕（1959年起任版画系主任）、陈广曾在校任教。此外，学院以守成创新的开拓精神，努力培养版画青年，率先在国内艺术高校开设"藏书票创作"课程，成立了国内高校首个学生藏书票社团——广州美术学院藏书票研究会。郑星球等老师效法前辈，身体力行，在校内积极开展藏书票讲习活动，培养青年学生创作藏书票的兴趣，取得了藏书票创作教学的可喜成绩。这些作品是学院十年藏书票创作成果的缩影，曾于2017年8月17日回到中国现代版画的诞生地上海，在上海图书馆缤纷亮相，成为上海图书馆"版画日"系列活动中的一道灿烂风景。此举续写了沪粤版画与藏书票艺术交流的"双城记"，其可贵的历史"地缘"与"艺缘"，蕴含了继往开来的文化自觉意识和艺术为人民大众服务的精神。

本书中的藏书票现藏于上海图书馆中国文化名人手稿馆，在鲁迅先生诞辰140周年、中国现代版画诞生90周年之际，我们以此向伟大的鲁迅先生致敬。

黄显功

2021年7月于上海图书馆

（上海鲁迅纪念馆供）

藏书票之缘及思考

　　藏书票在中国落地生根已有百年之久，从某种意义上来说，当年藏书票进入中国，虽未得到普及，但也契合了中国近代知识分子的读书传统和藏书风尚。清末民初出现的印有"北洋大学堂"和"关祖章藏书"字样的这两种藏书票，已成为大家所熟知的我国早期藏书票代表作，而叶灵凤先生对藏书票的热爱和推崇之举也颇具代表性。及至20世纪30年代，鲁迅先生在上海倡导的"新兴木刻运动"，则轰轰烈烈开启了中国现代版画创作之风，以李桦、赖少其、唐英伟等人为代表的青年版画家，迈出了现代藏书票创作的探索步履。1984年，我国第一个藏书票学术团体"中国版画藏书票研究会"的成立，成为中国藏书票蓬勃发展的重要标志。20世纪90年代以来，随着国内版画制作条件的改善，以及中外藏书票交流日趋频繁，各版种技法、艺术风格呈多元化发展的态势。可以说，中国藏书票的发展是一步一个脚印，见证了从传统到现代，从单一到多元的发展过程。尤其是近十年来，信息技术和数字媒体的飞跃发展，对藏书票艺术在国际间的传播与交流起到了极为重要的作用。

　　然而，由于文化传统不同，中国艺术家对藏书票的探索和实践方式，多数处于工作之余"偶然而为之"的状态，并没有形成类似欧洲一些专业学校或名家工作室制度，也尚未真正形成藏书票定制之风。加上较早时候我国藏书票文化的普及工作仍不够广泛和深入，因而在某个阶段或一些人群中，依然存在相关知识缺失的现象，甚至在专业院校也未必对藏书票文化有较全面的了解。我本人就有过一次"意外"的经历，但这个经历却又"意外"促成了我和藏书票的不解之缘。2007年3月，在一次版画专业课上，当我把"第十二届全国藏书票艺术展"征稿信息告知学生时，同学们的反应让我感到十分"意外"，因为全班二十余人竟然都不懂藏书票！为此，我特意在课余时间为同学们做了专题讲座，并辅导他们制作藏书票，学生也自发组成兴趣小组进行交流，短时间内竟带起了一股小小的校园"藏书票热"。不久，适逢学校举办校园文化节，有同学向学校提交申请，成立了国内高校第一个学生藏书票社团——广州美术学院藏书票研究会。社团成立伊始即获得许多同学的关注和支持，来自不同专业的学生加入社团，成为第一批会员。该社团以其独具特色的方式开展创作活动，不少同学的作品入选了全国性藏书票展览。是年11月，在不同专业学生的建议下，版画系通过有关程序申报新课程，又促成了"藏书票创作"通选课程的开设。从此，该课程以其富有特色的形式面向全校学生选修，这是一个可贵的开端！正是这次"意外"的经历，让我"意外"与藏书票结缘。

作为一门选修课，"藏书票创作"的教学目的在于增进不同专业学生对藏书票的了解，传授制作技艺，提高鉴赏水平，立足全球化的文化背景，指导学生创作有一定专业水平的作品。众所周知，藏书票与书籍、版画都有着密切关系，在技术上，版画的所有技法均可应用于藏书票创作，从这个意义上，我们说藏书票属于版画的一个分支毫不为过。然而，我们不能把藏书票简单地等同于版画，相反亦然，毕竟藏书票有其文化独特性。藏书票的独特性，既体现在实用功能和审美功能上，也体现在艺术家、藏书家、作家和名著之间的多重互动关系上，最终形成了既符合藏书家（票主）要求，又能发挥艺术家水平，并且反映原著精神，具有"书卷气"的作品。由此可见，藏书票不只是艺术家个人创作观念和风格面貌的单纯表现，它还隐含着其他多种文化因素的共同作用。一枚好的藏书票，甚至还可以从画面中探寻出藏书家的身份、地位、职业和爱好等信息密码，也可读解出画面中反映的历史典故、社会变迁和天文地理等内容，其内涵丰富，让人百看不厌。

本次结集出版的藏书票，主要是2017年8月应上海图书馆之邀，在中国文化名人手稿馆隆重举办的"艺苑书香——广州美术学院师生藏书票展"的参展作品，此外还包含一部分优秀毕业生的作品。展览展出的学生作品共127枚，都是选自2007至2017年"藏书票创作"选修课程的作业，其中包括部分研究生作品；28枚教师作品（书中收入26枚）则是特邀参展，是老师们对本次学术活动的大力支持。由于选修课面向全校不同专业、不同年级的学生，大多数同学都是初次接触版画藏书票，因此对艺术语言的把握和对造型的理解有所差异，加上每位同学生活环境不同，文化背景不同，每次选修课创作的作品语言丰富，风格手法多样，专业特点和水平也各有千秋。上海图书馆以这种雅致且有温度的交流展形式，将一个专业院校选修课的教学成果推介给市民和读者们，这对"藏书票创作"课程本身是一种肯定和鼓励，同时也是对该课程开设十周年最有特色、最有意义的教学总结方式。展览的举办既彰显了藏书票文化的普及和推广作用，又能获得观众对教学成果的批评和建议，对教学具有良好的促进作用。

这次展览的意义，还在于呈现和探讨美术院校藏书票创作的教学思路：以专业和学术为主导，以展览带动创作。因此，对学生作品的遴选更注重艺术性、原创性和探索性，同时也要兼顾规范性。当然，在遴选作品时，有一个问题值得思考：随着时代的变迁和社会发展，书籍的形态不断演变，产生了多种新的文化载体；尤其是当今迅猛发展的网络传播方式和多元读物形式的出现，藏书票赖以依存的纸质书籍载体日渐减少，藏书风气也显见低落，以至于在一段时期内，关于藏书票日渐"式微"的感叹也不在少数。然而，藏书票因其高雅精美、内涵丰富、独具匠心等特点依然备受藏家青睐，并已逐渐从书本中脱离出来，成为一种独立的收藏形式。从藏书票的自身特性、存在价值与发展趋势来说，这种现象很难简单地评判其是"好"或是"坏"，但藏书票在一段时期内与藏书文化传统"渐行渐远"的现象还是值得我们关注和思考的。因此，借此展览和出版之机，出于对藏书票文化的长远发展问题的思考，希望今后能通过有效的途径，使藏书票重归书本，重返书斋，再现藏书文化的传统风尚。

郑星球

2021年7月于广州美术学院

教师介绍

尹秋生　男，1952年生，祖籍广东东莞。1986年毕业于广州美术学院，同年留校工作。现为广州美术学院副教授；中国美术家协会会员，中国民主促进会会员，广州市美术家协会版画艺术委员会主任，广东省美术家协会会员，广东省民进开明画院画师，广州市工艺美术行会会员。

区海涛　男，1955年生，籍贯广东江门。广州美术学院版画系研究生课程班毕业。现任教于广州美术学院版画系；广东省美术家协会会员，中国美术家协会藏书票研究会会员。

黄启明　男，1961年生，籍贯广西桂林。1982年毕业于广州美术学院版画系（学士），同年留校工作，2000年结业于中央美术学院同等学力研究生班，2013年获中山大学工商管理学院硕士学位。现为广州美术学院党委副书记，教授，硕士生导师；中国美术家协会理事、中国美术家协会版画艺术委员会副主任，广东省美术家协会副主席、版画艺术委员会名誉主任，中国美术家协会藏书票研究会常务理事；教育部教学评估专家。

肖　勇　男，1966 年生，籍贯广东佛山。1991 年毕业于广州美术学院版画系书籍装帧专业（学士），同年留校工作，2001 年结业于中央美术学院版画系同等学力研究生班。现为广州美术学院教学实验中心主任，副教授，硕士生导师；中国美术家协会会员、中国美术家协会插图装帧艺术委员会委员、中国美术家协会藏书票研究会常务理事。

王东育　男，1968 年生，籍贯广东澄海。1987 年毕业于潮州市师范学校，任教于澄海华都中学，1993 年毕业于广州美术学院工艺系装饰艺术设计专业（学士），同年留校工作，2003 年毕业于武汉理工大学艺术与设计学院工业设计专业（工程硕士）。现为广州美术学院工艺美术学院讲师。

郑星球　男，1969 年生，籍贯广东潮州。1996 年毕业于广州美术学院版画专业（学士）并留校工作，2006 年毕业于广州美术学院美术学专业（硕士），2011—2012 年师从苏新平教授于中央美术学院完成现代版画语言研究（访问学者）。现为广州美术学院绘画艺术学院副教授，版画系副主任，硕士生导师，山西大学客座教授；中国美术家协会会员，中国美术家协会藏书票研究会主席，广东省美术家协会版画艺术委员会秘书长，广东省学校美育工作专家；国家艺术基金2018年度资助项目负责人。

宋光智　男，1970年生，籍贯广东花都。1992毕业于广州美术学院版画专业（学士），同年留校工作。1998年结业于中央美术学院版画系助教班（脱产），2000年结业于中央美术学院"以同等学力申请硕士学位教师进修班"（脱产）。现为广州美术学院人事处处长，绘画艺术学院院长兼版画系主任，教授，硕士生导师；中国美术家协会会员，广东省美术家协会版画艺术委员会副主任。

何汉明　男，1974年生，籍贯广东番禺。1997年毕业于广州美术学院美术教育系（学士），同年留校工作。2004年毕业于广州美术学院美术教育系（硕士），2017年结业于中山大学哲学系美学专业（访问学者）。现为广州美术学院跨媒体艺术学院副教授；广东省美术家协会会员，广东省摄影家协会教育委员会委员，中国美术家协会藏书票研究会常务理事。

陈畅环　女，1976年生，籍贯广东揭阳。1999年毕业于广州美术学院版画系（学士），2004年毕业于广州美术学院版画系（硕士），2014年结业于中央美术学院版画系（访问学者）。现为广州美术学院版画系副教授。

王少浩　男，1979年生，籍贯广东澄海。2002年毕业于广州美术学院美术教育系（学士）；2006年毕业于广州美术学院美术教育系（硕士）并留校任教。现为广州美术学院绘画艺术学院副教授，硕士生导师；中国美术家协会会员，广东省美术家协会综合材料绘画与保存修复艺术委员会委员，广东省青年美术家协会版画艺术委员会委员。

张志定　男，1979年生，籍贯广东罗定。2003年毕业于广州美术学院书籍装帧艺术专业（学士），2018年毕业于广州美术学院插画艺术专业（硕士）。现为广州美术学院实验教学中心实验师。

黄肖铭　女，1980年生，籍贯广东番禺。2004年毕业于广州美术学院版画系（学士），2005年毕业于英国伦敦传媒学院出版物专业（硕士），2016年结业于清华大学美术学院（访问学者），2006年起任教于广州美术学院版画系。现为广州美术学院绘画艺术学院副教授。

吴文洁　女，1981年生，籍贯广东丰顺。2004年毕业于广州美术学院环境艺术设计专业（学士），2008年毕业于广州美术学院建筑与环境艺术设计专业（硕士）。现为广州美术学院副研究员、高级工艺美术师。

陈华辉　男，1983年生，籍贯广东潮安。2006年毕业于广州美术学院中国画系人物专业（学士），2016年毕业于广州美术学院版画系插画艺术研究方向（硕士）。现为广州美术学院美术馆助理研究员，广东省美术家协会会员。

蔡远河　男，1985年生，籍贯广东广州。2009年毕业于广州美术学院版画系（学士），2013年毕业于广州美术学院综合版画研究方向（硕士），2021年毕业于上海大学上海美术学院美术创作研究方向（博士）。现为广州美术学院版画系讲师；广东省美术家协会会员，中国美术家协会会员，中国美术家协会藏书票研究会常务理事；国家艺术基金2018年度青年艺术创作项目资助对象。

学生介绍

毕舒欣　女，2013级本科生，景观艺术设计专业。

宾淼琳　女，2015级研究生，版画创作研究。

岑　骏　男，2006级本科生，版画专业。

岑诗诗　女，2014级本科生，环境艺术设计专业。

陈　薇　女，2014级本科生，版画专业。

陈乐华　男，2013级本科生，染织艺术设计专业。

陈润宜　男，2014级本科生，版画专业。

陈小凤　女，2004级本科生，版画专业。

陈选金　男，2015级本科生，产品设计专业。

程淑娟　女，2012级本科生，版画专业。

崔千山　女，2007级本科生，油画专业。

代玉孜　女，2014级本科生，服装与服饰设计专业。

邓伊雯　女，2010级本科生，插画专业。

古巧芬　女，2004级本科生，版画专业。

郭霏霏　女，2011级本科生，插画专业。

韩　彦　女，2013级本科生，水彩专业。

何嘉怡　女，2011级本科生，美术教育专业。

何贤玉　女，2015级本科生，产品设计专业。

何奕辰　男，2014级本科生，版画专业。

胡　勇　男，2013级本科生，书籍装帧艺术专业。

胡碧君　女，2011级本科生，中国画专业。

胡冠琦　女，2010级本科生，插画专业。

胡玉彩　女，2009级本科生，书籍装帧艺术专业。

黄铭瑶　女，2015级本科生，美术史专业。

黄巧翠　女，2014级本科生，版画专业。

黄　西　女，2004级本科生，版画专业。

简嘉贤　女，2004级本科生，版画专业。

江美蓉　女，2015级本科生，插画专业。

焦湘茹　女，2006级本科生，美术学专业。

李海强　男，2007级本科生，版画专业。

李季源　男，2013级本科生，产品设计专业。

李圣岚　女，2015级研究生，图像传媒研究。

李小琪　女，2015级本科生，版画专业。

李永华　男，2010级本科生，公共艺术专业。

李雨桐　女，2013级本科生，书法篆刻专业。

李悦怡　女，2011级本科生，插画专业。

李子莹　女，2003级本科生，版画专业。

栗　丹　女，2004级本科生，版画专业。

梁颖倩　女，2014级本科生，版画专业。

梁永浩　男，2014级研究生，版画创作研究。

梁韵言　女，2012级本科生，装饰艺术设计专业。

廖东华　男，2010级本科生，书籍装帧艺术专业。

廖伟能　男，2014级本科生，书籍装帧艺术专业。

林　侬　女，2012级本科生，环境艺术设计专业。

林佩佩　女，2015级研究生，版画创作研究。

林志彬　男，2007级本科生，油画专业。

刘　丹　女，2015级研究生，版画艺术研究。

刘　洁　女，2016级本科生，版画专业。

刘海滢　女，2012级本科生，插画专业。

刘玮琪　女，2013级本科生，水彩专业。

刘秀娟　女，2012级本科生，中国画专业。

刘秀琼　女，2008级研究生，版画艺术研究。

卢　黛　女，2010级本科生，美术教育专业。

卢林铭　女，2015级本科生，壁画专业。

陆婉爱　女，2010级本科生，版画专业。

吕嘉纯　女，2014级本科生，产品设计专业。

马晓筠　女，2006级本科生，版画专业。

欧阳洁　女，2014级本科生，版画专业。

潘思凡　女，2015级本科生，艺术教育专业。

彭文文　女，2014级本科生，美术教育专业。

钱　敏　女，2015级本科生，版画专业。

邱桂兰　女，2007级研究生，版画艺术研究。

饶慧玲　女，2014级研究生，色彩创作研究。

商书倩　女，2011级本科生，版画专业。

沈　迅　女，2014级本科生，美术史专业。

盛　琼　女，2006级本科生，书籍装帧艺术专业。

苏颖娆　女，2012级本科生，装饰艺术设计专业。

孙　虹　女，2006级本科生，书籍装帧艺术专业。

孙一娴　女，2014级研究生，版画创作研究。

孙于蓝　女，2014级本科生，水彩专业。

谭　莹　女，2015级本科生，服装与服饰设计专业。

汤艳颜　女，2006级本科生，装饰艺术专业。

王艾诗　女，2014级本科生，中国画专业。

王昌淦　男，2005级本科生，版画专业。

王海媚　女，2013级本科生，服装与服饰设计专业。

王建伟　男，2005级本科生，版画专业。

吴艳莉　女，2006级本科生，版画专业。

吴伊创　男，2010级本科生，书籍装帧艺术专业。

吴钟聪　男，2004级本科生，版画专业。

吴卓钊　男，2014级本科生，油画专业。

肖寅宜　女，2012级本科生，油画专业。

谢秀萍　女，2011级本科生，美术史专业。

谢应云　男，2009级研究生，版画创作研究。

许进聪　男，2006级本科生，陶瓷艺术设计专业。

严梦玲　女，2011级本科生，影视艺术专业。

杨炜钰　女，2015级本科生，插画专业。

姚裕昌　男，2014级本科生，美术教育专业。

叶婉婷　女，2015级本科生，插画专业。

余珊珊　女，2007级本科生，油画专业。

曾子玲　女，2005级本科生，书籍装帧艺术专业。

詹皇鑫　男，2006级本科生，版画专业。

詹静筠　女，2005级本科生，书籍装帧艺术专业。

张　丽　女，2014级本科生，美术教育专业。

张津龄　女，2015级本科生，装饰艺术设计专业。

张兰天　女，2010级本科生，中国画专业。

张秋云　女，2010级本科生，美术教育专业。

张维芹　女，2006级本科生，书籍装帧艺术专业。

张幼晖　女，2015级研究生，版画创作研究。

赵东波　男，2007级本科生，油画专业。

郑衡佳　男，2004级本科生，版画专业。

郑红伟　男，2013级本科生，服装设计与工程专业。

周　维　男，2006级本科生，版画专业。

周广能　男，2006级本科生，版画专业。

周世佳　男，2013级本科生，版画专业。

周霄鹏　男，2004级本科生，版画专业。

朱华勇　男，2014级本科生，版画专业。

祝　程　女，2013级本科生，油画专业。

庄楚珊　女，2010级本科生，美术教育专业。

注："学生介绍"中，部分作者信息因毕业散失。

目　录

教师作品

尹秋生｜青铜器｜孙家正｜X2｜11.5cm×8cm｜2011

十手千眼觀世音 X2 21/100
（藏書票） 尹秋生 2012.6.

尹秋生｜千手千眼观世音｜参象堂｜X2｜15cm×15cm｜2012

区海涛｜山水册-1｜孟祥林｜X1｜12cm×8cm｜2011

区海涛｜山水册-2｜刘自力｜X1｜12cm×8cm｜2011

AP 10/26 纳西族 S1 黄启明 2016

黄启明｜纳西族｜王琦｜S1｜14cm×12.5cm｜2016

黄启明｜傣族｜许怀中｜S1｜14cm×12.5cm｜2016

肖勇 ｜《昆虫记》之九 "圣甲虫的粪球" ｜ 肖勇 ｜

L1/COL ｜ 13cm×9.5cm ｜ 2014

肖勇｜横沥牛墟｜东莞非遗保护中心｜
L1/COL｜13.5cm×11cm｜2016

王东育 | 子非鱼-1 | 以冠 | C3C5 | 10cm×9.5cm | 2008

王东育｜子非鱼-2｜汉明｜C3C5｜10cm×9.5cm｜2008

郑星球｜鄂伦春族｜林墉｜L1｜11.5cm×13.8cm｜2016

郑星球｜民族大团结·壮族｜郑学檬｜

L1｜13.8cm×10cm｜2016

EXLIBRIS. XU HUAI ZHONG

德昂族

宋光智 ｜ 德昂族 ｜ 许怀中 ｜ L1 ｜ 14cm×12.5cm ｜ 2016

宋光智｜保安族｜高莽｜L1｜13.5cm×12cm｜2016

60/99　X2　《天鹅》　何汉明　2016

何汉明｜天鹅｜COCO｜X2｜11.5cm×10cm｜2016

60/100　X2　何汉明 2017

何汉明｜公鸡｜汉明｜X2｜11.5cm×10cm｜2017

陈畅环 ｜ 手不释卷 ｜ 畅环 ｜ X2 ｜ 10.5cm×9.5cm ｜ 2015

王少浩｜樟林古港｜DU JIELI｜S1｜12cm×12cm｜2017

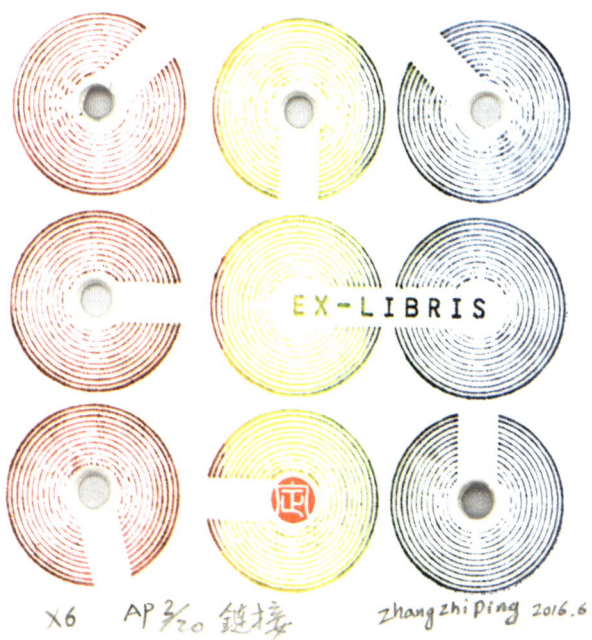

张志定｜链接｜定｜X6｜7.5cm×7.5cm｜2016

EX-LIBRIS

X6 AP 3/20 电子读物   zhang zhi Ding 2016.6

张志定｜电子读物｜定｜X6｜8cm×8cm｜2016

黄肖铭丨聊斋志异·卷一丨肖铭丨L2丨15cm×10.5cm丨2015

聊斋志异

卷十一

肖铭藏书

EX LIBRIS

5/20　　　L2　　　黄肖铭 Huang XiaoMing

黄肖铭｜聊斋志异·卷十｜肖铭｜L2｜15cm×10.5cm｜2015

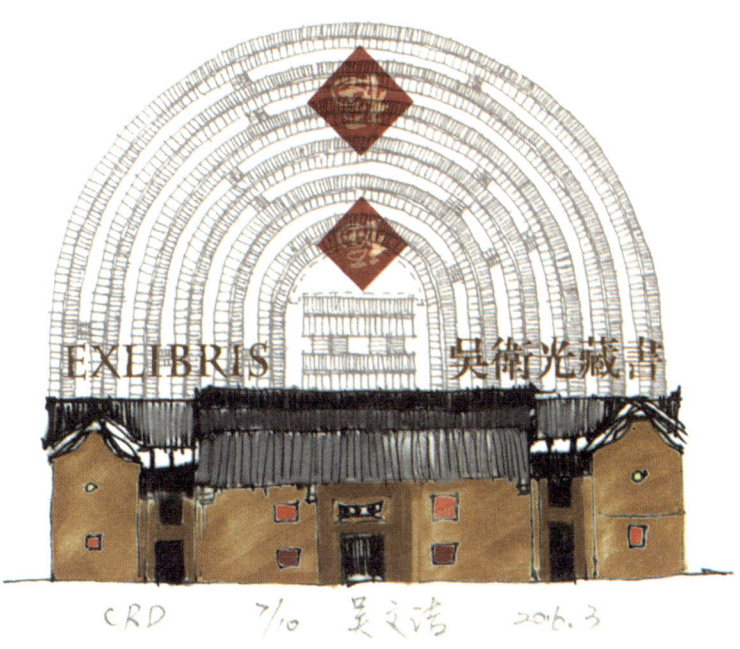

EXLIBRIS 吴衛光藏書

CRD 7/10 吴文洁 2016.3

吴文洁 ｜ 客家围屋 ｜ 吴卫光 ｜ CRD ｜ 8cm×11cm ｜ 2016

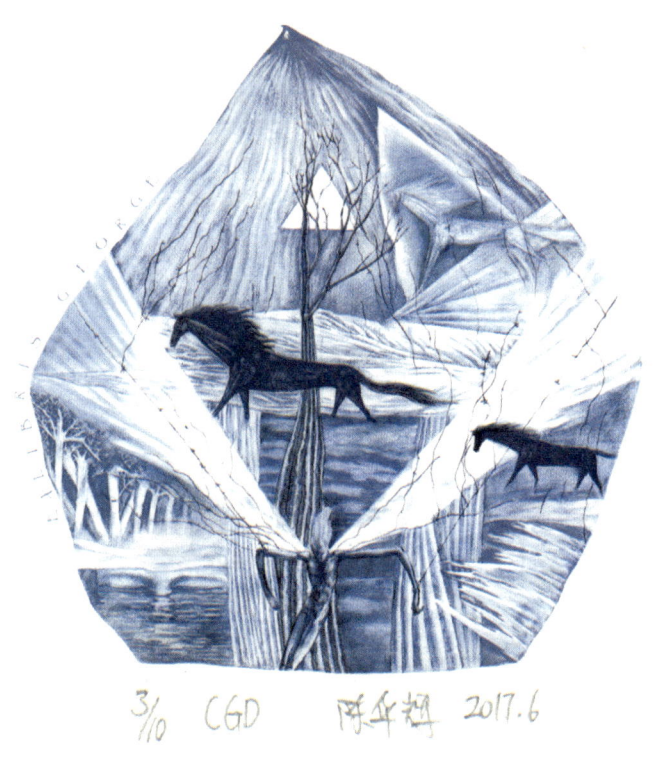

3/10 CGD 陈华辉 2017.6

陈华辉｜天空篇｜GEORGE｜CGD｜11cm×11cm｜2017

蔡远河 ｜ 桌上舞蹈 ｜ YH ｜ X1 ｜ 11cm×11cm ｜ 2008

-CYA-EXLIBRI5

$^1/_{50}$ X₁ 蔡远河 2014.

蔡远河｜杂技 · 书｜CYH｜X1｜10cm×7cm｜2014

藏书票

学生作品

毕舒欣 | 鹿（三）| BSX | L1 | 10cm×6.5cm | 2015

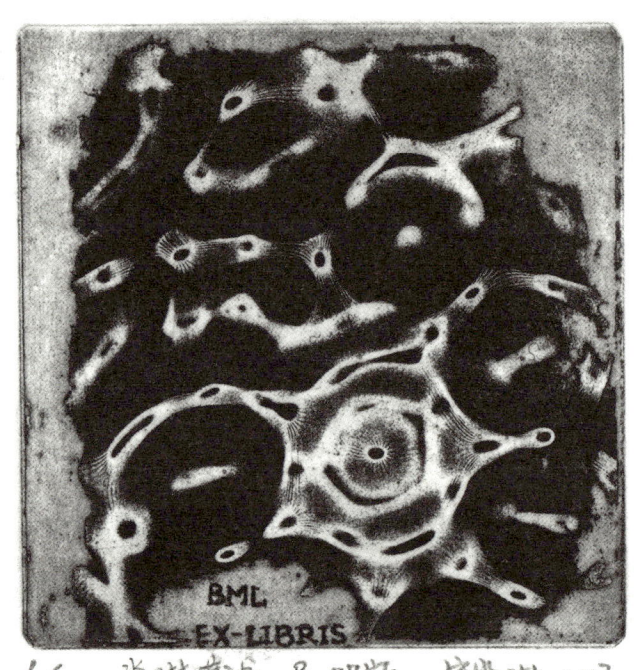

宾淼琳｜淼琳藏书｜BML｜P3｜9.8cm×10cm｜2017

Jun·C Extlibris

Li 17/38 岑骏 2008

岑骏｜阿凡达｜JUN·C｜L1｜11cm×9.7cm｜2008

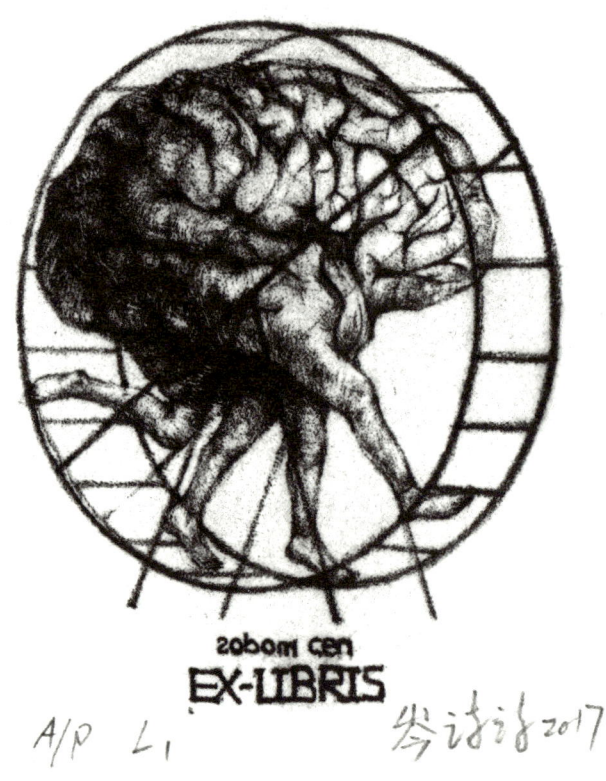

sobom cen
EX-LIBRIS

A/P L1

岑诗诗2017

岑诗诗｜转动的大脑｜CEN｜L1｜7cm×5.8cm｜2017

陈薇｜假山｜CHEN WEI｜L1｜14.5cm×8.9cm｜2016

L1 3/8　陈乐华 2016

陈乐华｜书屋｜CLH｜L1｜10.7cm×7.5cm｜2016

艺苑书香：广州美术学院师生藏书票

陈润宜 ｜ 茶经 ｜ 陈润宜 ｜ L1 ｜ 7.5cm×9cm ｜ 2016

EX-LIBRIS

陈润宜｜壶-2｜XPS｜L1｜13.3cm×6.5cm｜2016

陈小凤 ｜ 人物 ｜ 洪夫 ｜ X1 ｜ 14.3cm×14.3cm ｜ 2007

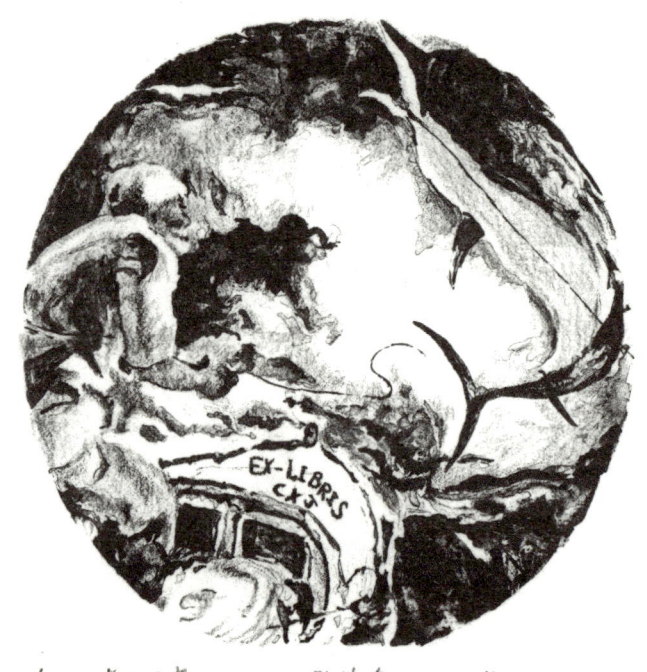

2/10　老人与海　　陈选金　2017

陈选金｜老人与海｜CXJ｜L1｜11cm×11cm｜2017

程淑娟｜Pheromone-1（费特蒙 -1）｜XINGQIU｜
L1｜10.1cm×10.1cm｜2016

ex1. AvW & JvW

崔千山｜DANAE（达娜厄）｜AvW & JvW｜
L1｜12.8cm×13cm｜2010

崔千山 | GIENAH CORVI（乌鸦座）| Zheng Xing Qiu |
L1 | 13cm×13cm | 2010

3/6 L1 黛玉与花　2016 代玉孜

代玉孜 ｜ 黛玉与花 ｜ 玉孜 ｜ L1 ｜ 10cm×7.6cm ｜ 2016

邓伊雯 ｜ 青蛙王子-1 ｜ DYW ｜ L1 ｜ 10.5cm×8cm ｜ 2013

邓伊雯｜青蛙王子-2｜DYW｜L1｜10cm×7cm｜2013

古巧芬 ｜ 人与自然 ｜ 彦鹤 ｜ X1 ｜ 14.5cm×15cm ｜ 2007

A.P   《消逝》   郭霏霏 2012.12

郭霏霏丨消逝丨F丨L1丨12cm×12cm丨2012

韩彦｜Ian McEwan-1（伊恩·麦克尤恩-1）｜HAN YAN｜
L1｜9.7cm×9.7cm｜2016

韩彦｜Ian McEwan-5（伊恩·麦克尤恩-5）｜HAN YAN｜
L1｜9.7cm×9.7cm｜2016

12/12　何嘉怡　2014

何嘉怡 | 猫头鹰 | 何嘉怡 | X1 | 10cm×6.8cm | 2014

何贤玉｜藏族女孩｜X2｜11.3cm×11.8cm｜2017

何奕辰 ｜ 环游世界八十天 ｜ ETHAN ｜
L1 ｜ 12.5cm × 8.3cm ｜ 2017

胡勇｜牡丹亭｜胡勇｜L1/COL｜14.7cm×10.4cm｜2015

胡勇｜传道｜胡勇｜L1｜15cm×10.4cm｜2016

A/p X, 云中君　　　　　　胡碧君 2012

胡碧君｜云中君｜碧君｜X1｜15cm×11cm｜2012

胡冠琦 ｜ Fairy tales（童话故事）｜ HGQ ｜
CRD ｜ 13cm×10cm ｜ 2014

23/24　C3C5　　　　胡玉彩　2012.12

胡玉彩｜丫苛藏书｜丫苛｜C3C5｜10cm×10cm｜2012

黄铭瑶｜窗前｜X2｜11.7cm×11.6cm｜2017

黄巧翠 ｜ 以梦为马 ｜ HQC ｜ X2 ｜ 10.8cm×11.2cm ｜ 2017

7/30   C8   黄西 2007

黄西｜苹果·杨梅｜HX｜C8｜11.2cm×12.5cm｜2007

简嘉贤｜讲台｜Z.H.Y.｜X1/4｜7cm×11cm｜2007

江美蓉｜梦｜JMR｜X2｜14.6cm×10.3cm｜2017

C4 4/50 焦湘茹 2008.1

焦湘茹｜初夏｜GONG MING｜C4｜13.8cm×10cm｜2008

李海强 | 处女座 | ZHENG XINGQIU |

L1/4 | 13cm×7.5cm | 2010

李海强 | Cleopatra VII（埃及艳后）| SONG GUANGZHI |
L1/4 | 12.5cm×11.7cm | 2010

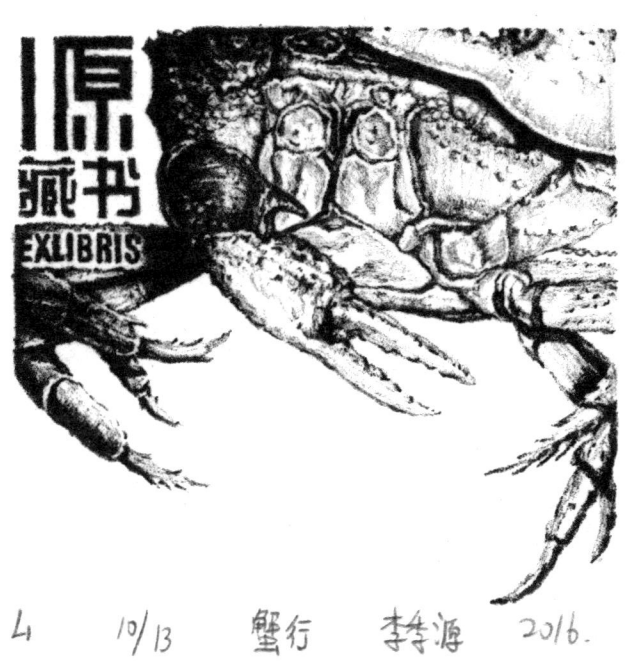

L 10/13 蟹行 李季源 2016.

李季源 ｜ 蟹行 ｜ 源 ｜ L1 ｜ 9cm×10cm ｜ 2016

艺苑书香：广州美术学院师生藏书票

李圣岚｜岚岚藏书｜LL｜X1｜13.7cm×10cm｜2017

李小琪 ┃ Abysmal sea（深海）┃ LXQ ┃
X2 ┃ 12.3cm×11.3cm ┃ 2016

L1 8/20 李永华 2012

7/80　诗书滋味长　XI　李雨桐　2015

李雨桐 ｜ 诗书滋味长 ｜ 李雨桐 ｜ X1 ｜ 11cm×7.7cm ｜ 2015

4/12 strange space 系列之一 石版 李悦怡 2015.1.17

艺苑书香：广州美术学院师生藏书票

李悦怡 ｜ strange space（奇异空间）系列之一 ｜
LY ｜ L1 ｜ 13cm×12.8cm ｜ 2015

2015 EX-LIBRIS LY

7/12 Strange space 系列3: 石版 李悦怡 2015.1.17

李悦怡 ｜ strange space（奇异空间）系列之二 ｜
LY ｜ L1 ｜ 12.8cm×13cm ｜ 2015

8/11　　花系列(二)　　Lz/z　　　李子莹 2007. 7

李子莹｜花系列（二）｜ LZY ｜ L1 ｜ 10cm×14.5cm ｜ 2007

EXLIBRIS　　JIN SHU

18/50　　C₃+C₅　　　　栗丹2007.8

栗丹 ｜ 丽人行 ｜ JIN SHU ｜ L1 ｜ 10cm×10cm ｜ 2007

梁颖倩 ｜ 山外有山 ｜ LYQ ｜ X1 ｜ 11cm×9cm ｜ 2017

梁颖倩 ｜ 与你的故事 · 攀峰 LIANG YINGQIAN ｜
L1/COL ｜ 9cm×9.3cm ｜ 2016

梁永浩 | 筑梦 | Liang Yonghao | S1 | 10cm×14.5cm | 2016

梁韵言 ｜ adam and eve（亚当与夏娃）｜ LIANG YUNYAN ｜
L1 ｜ 10cm×9.5cm ｜ 2016

廖东华｜学记-1｜东东｜L1｜10.7cm×7.8cm｜2013

廖东华丨学记-2丨东东丨L1丨11cm×7.8cm丨2013

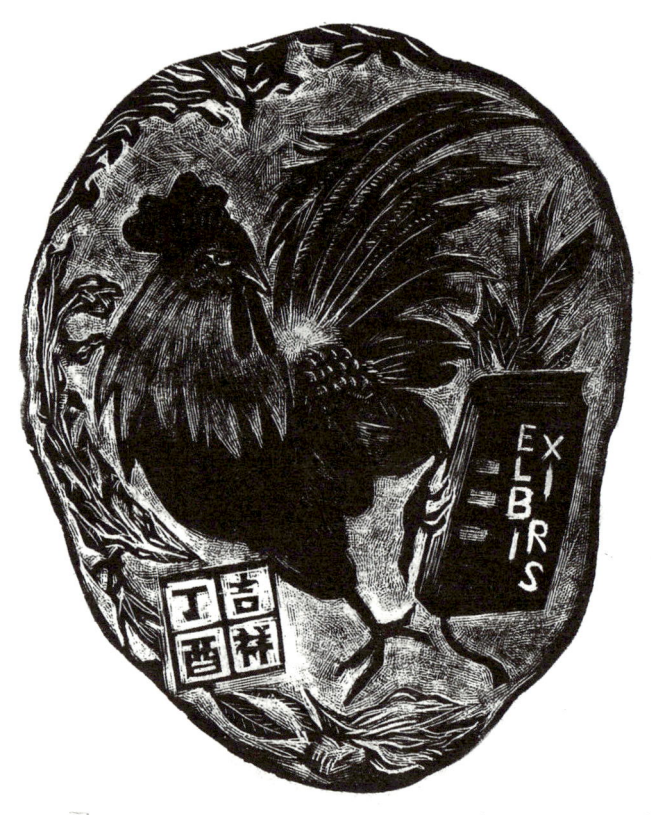

廖伟能｜丁酉吉祥｜X2｜11.7cm×9.7cm｜2017

林依｜来信｜LN｜X1｜9.7cm×15.5cm｜2017

10/28　芳李藏书　L/COL　林佩佩　2015.12

林佩佩｜芳李藏书｜芳李｜L1/COL｜12cm×8.7cm｜2015

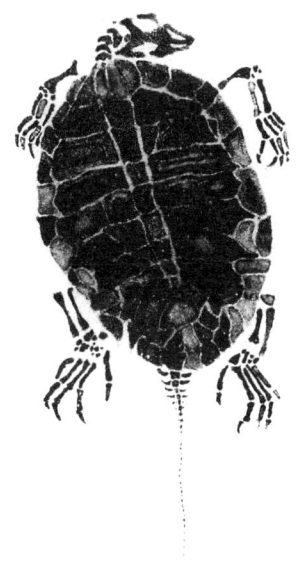

林志彬 | 龟寿 | DONG YU | L1 | 15cm×5cm | 2009

6/6　　Moon　L1/col　刘丹　295

刘丹 ｜ Moon（月）｜ LD ｜ L1/COL ｜ 13.8cm×9.6cm ｜ 2015

刘洁｜羞涩｜LJ｜L1｜14.8cm×10cm｜2009

4/18 关注 L1 2013 刘海滢

刘海滢｜关注｜LIU HAIYING｜L1｜13.5cm×9.3cm｜2013

刘玮琪｜海盗系列一｜VICKIE｜X1｜12.3cm×8.5cm｜2015

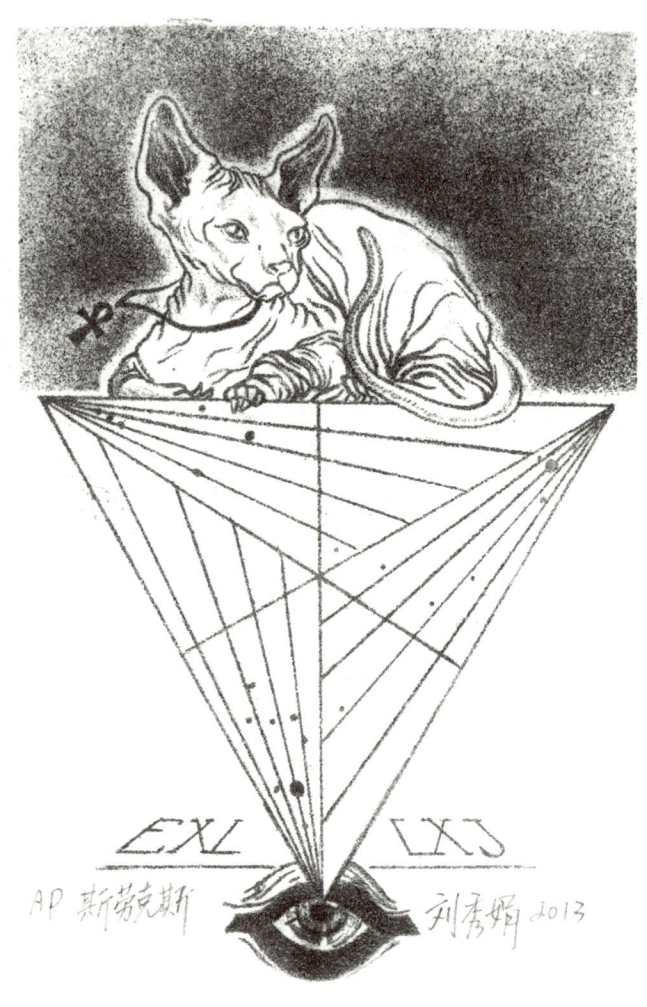

刘秀娟｜斯劳克斯｜LXJ｜L1｜15.8cm×10.7cm｜2013

刘秀琼 | 醒狮 | 东莞非遗保护中心 |
X6/7 | 14.5cm×9.5cm | 2016

4/50 X6 岁月静好 刘秀琼 2017.1

刘秀琼 ｜ 岁月静好 ｜ 凡 ｜ X6/4 ｜ 12cm×8cm ｜ 2017

18/20   L.1   廣阳 2013

卢黛 | 书的乐园 | DYE | L1 | 11.5cm×7.8cm | 2013

卢林铭｜祥兽｜林铭｜X2｜12.5cm×10.7cm｜2017

陆婉爱 | 长发公主 | WANAI | L1 | 12cm×8cm | 2013

罗璇莎｜女孩｜SHA｜L1｜10.8cm×7cm｜2013

吕嘉纯｜休憩一刻｜LCJ｜L1｜7cm×8.7cm｜2017

L1   10/30   马晓筠   2008.12

马晓筠 | 人鱼-1 | GUO HUANHENG | L1 | 12cm×9cm | 2008

L1 10/30 马晓筠 2008.12

马晓筠 ｜ 人鱼-2 ｜ GUO YUNMING ｜ L1 ｜ 12cm×9cm ｜ 2008

欧阳洁｜Soul & Beating II（灵魂跳动-2）｜OUYANG JIE｜
L1｜15cm×10.7cm｜2016

欧阳洁 | Soul & Beating Ⅲ（灵魂跳动-3）| OUYANG JIE |
L1 | 15cm×10.7cm | 2016

16/25 X2

山水 潘思凡 2016.12

潘思凡｜山水｜X2｜14.5cm×11cm｜2016

彭文文｜鹿｜X2｜12.2cm×11cm｜2017

6/10 L1 灌木象 钱敏2017

钱敏 | 灌木象 | QM | L1 | 7.5cm×7.5cm | 2017

X1 印 静之二　　　　　邱桂兰 2011.3

邱桂兰｜静之二｜桂兰｜X1｜12cm×12cm｜2011｜105

EXLIBRIS 舞木龍

X, 74/100 邱桂蘭 2016

艺苑书香：广州美术学院师生藏书票

邱桂兰｜舞木龙｜东莞非遗保护中心｜X1｜12cm×12cm｜2016

106

饶慧玲 ｜ Leda Greek mythology（丽达与天鹅）｜ VR ｜
L1 ｜ 12cm×11cm ｜ 2015

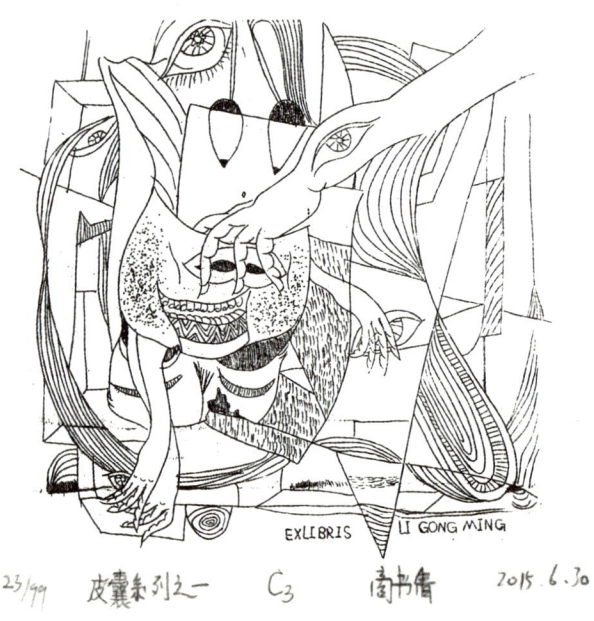

23/99　皮囊系列之一　C3　商书倩　2015.6.30

商书倩｜皮囊系列之一｜LI GONGMING｜
C3｜8.3cm×8.7cm｜2015

商书倩 | 永乐宫 | 夏晓虹 | C3 | 9.5cm×6.7cm | 2015

艺苑书香：广州美术学院师生藏书票

沈迅 ｜ 格列佛游记 ｜ 沈迅 ｜ L1 ｜ 12cm×8cm ｜ 2016

The Witch 巫女　　盛琼. 2009.6.

盛琼｜巫女｜ZHENG XINGQIU｜L1｜15cm×9.9cm｜2009

山 ³/₅ 《小丑》 苏颖娆 2014.01.05

苏颖娆｜小丑｜SYR｜L1｜12.8cm×9cm｜2014

孙虹 | 丽影 | S.H | L1 | 14.4cm×9.2cm | 2008

孙一娴｜智乐藏书｜智乐｜L1｜10cm×10cm｜2016

孙于蓝 | 诞 | SYL | L1 | 12cm×7.8cm | 2016

孙于蓝｜梦｜SYL｜L1｜13.5cm×9cm｜2016

谭莹｜眸｜TY｜L1｜10.6cm×10.6cm｜2017

谭敏怡 | 塔 | TMY | C3C5 | 15cm×5cm | 2017

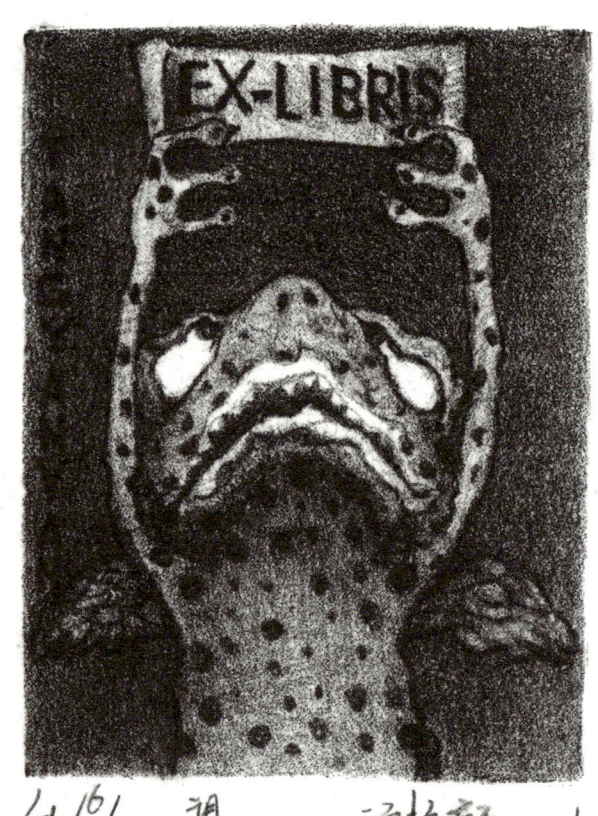

汤艳颜｜望｜TANG YANYAN｜L1｜9cm×7.2cm｜2008

王艾诗 | 丙申大吉 | 艾诗 | X1 | 11.2cm×8.3cm | 2016

L.AP 圣经故事 王昌淦 8.

王昌淦｜圣经故事｜CWQ｜L1｜13.8cm×12.8cm｜2008

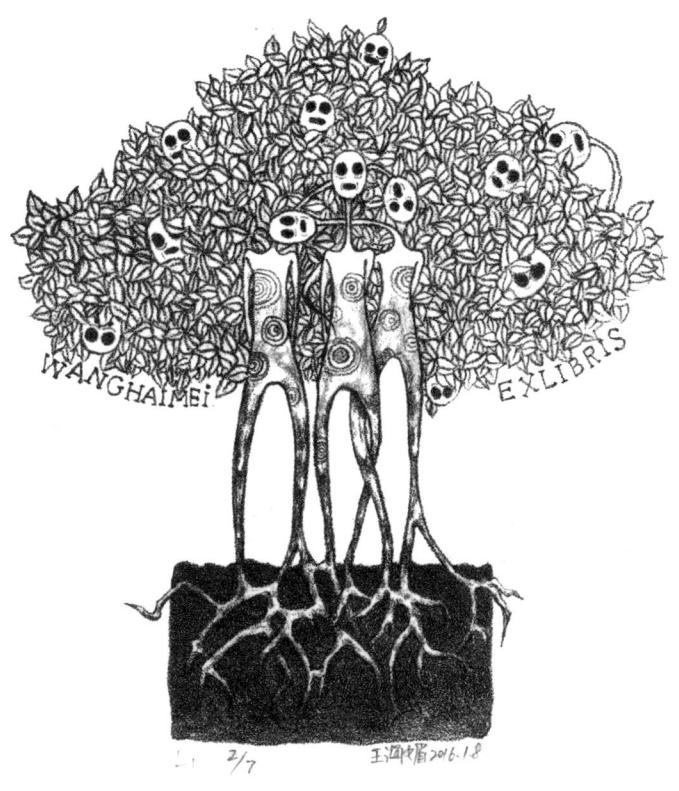

王海媚 ｜ 智慧树 ｜ WANG HAIMEI ｜ L1 ｜ 15.3cm×14.5cm ｜ 2016

王建伟 | 墙 | GUO RUIWIN | L1 | 11.8cm×10cm | 2008

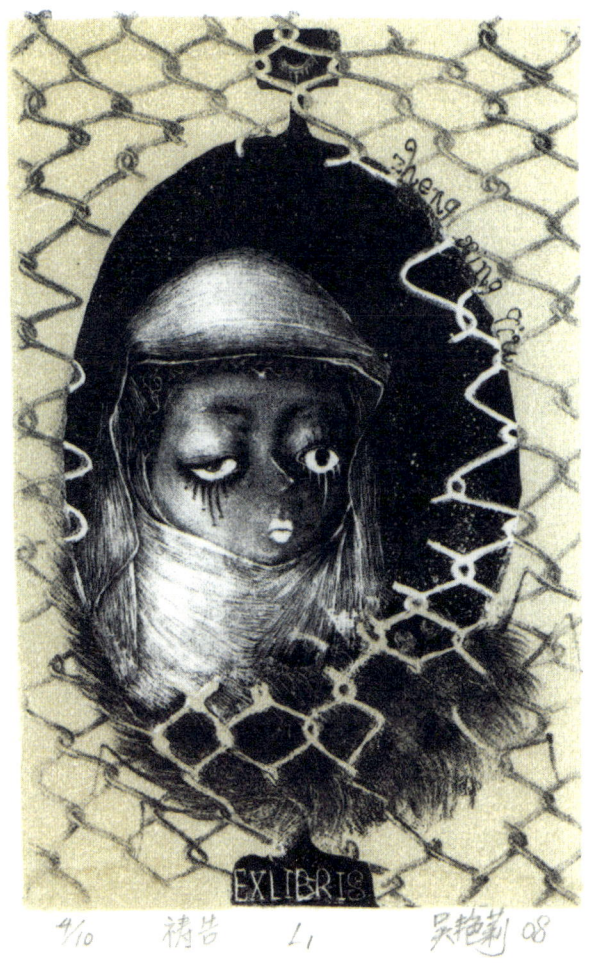

4/10　祷告　L1　吴艳莉 08

吴艳莉｜祷告｜ZHENG XINGQIU｜L1｜13cm×8cm｜2008

4/15 赫耳墨斯 L1   吴伊创 2012.12

吴伊创 ｜ 赫尔墨斯 ｜ 半联斋 ｜ L1 ｜ 12cm×7.6cm ｜ 2012

JANGWEI EXLIBRIS

4/50　　C₅+S₁　　吴钟聪 07

吴钟聪｜陌生人｜TANG WEI｜C5S1｜14.7cm×10cm｜2007

吴卓钊｜Pandora（潘多拉之盒）｜ZHENG.XQ｜
L1｜13cm×8cm｜2016

吴卓钊｜Beauty and the Beast（美女与野兽）｜WZZ｜
L1｜13cm×8cm｜2016

肖寅宜｜藏经塔｜XIAO YINYI｜L1｜10.3cm×6.3cm｜2015

EX LIBRIS

XIAO YIN YI

12/20 L1　　肖寅宜 2015

肖寅宜 | 默 | XIAO YINYI | L1 | 12cm×9cm | 2015

谢秀萍｜知识之梯｜MXXPING｜L1｜11.7cm×8cm｜2014

A-D 千角灯 S1/3　　　谢应云 2016

谢应云｜千角灯｜东莞非遗保护中心｜
S1/3｜15cm×11.5cm｜2016

许进聪 | 破 "界" 而出 | ZHENG XINGQIU |

L1 | 15.9cm×12.2cm | 2009

4/30 浮 CGD 严梦玲 2014

严梦玲 ｜ 浮 ｜ YAN MENGLING ｜ CGD ｜ 8.3cm×8.5cm ｜ 2014

22/25　影　石版　杨佩琪　2012.12

杨佩琪｜影｜XIAO PEI｜L1｜10cm×10cm｜2012

杨炜钰 ｜ ALPACA ｜ X2 ｜ 11.3cm×12cm ｜ 2017

3/2 L. 书的魔力之四 姚裕昌 2017

姚裕昌 ｜ 书的魔力之四 ｜ YYC ｜ L1 ｜ 11.8cm×13cm ｜ 2017

叶婉婷｜我的世界｜YE WANTING｜X2｜12cm×11.6cm｜2017

余珊珊 ｜ 聊斋 ｜ 陈平原 ｜ L1 ｜ 13cm×11.7cm ｜ 2009

L1 19/40 融 曾子玲 08.1

曾子玲丨融丨ZENG ZILING丨L1丨9cm×13cm丨2008

詹皇鑫 | 阳光 | AvW &JvW | L1 | 13cm×9cm | 2010

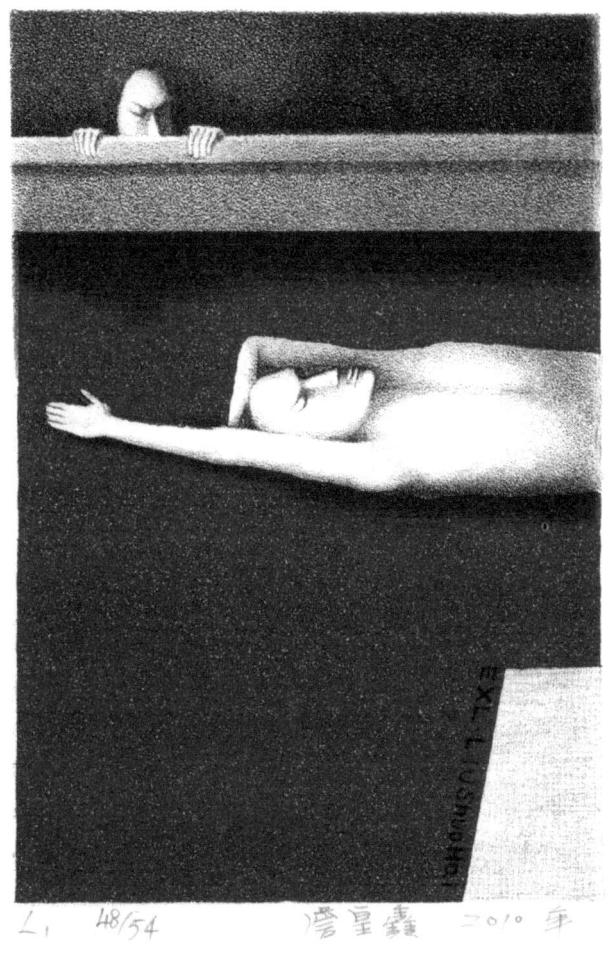

L, 48/54　　詹皇鑫 二○一○年

詹皇鑫｜泳池｜Liu ShuoHai｜L1｜13cm×9cm｜2010

詹静筠｜肖像｜家玲｜CRD｜12cm×9.8cm｜2008

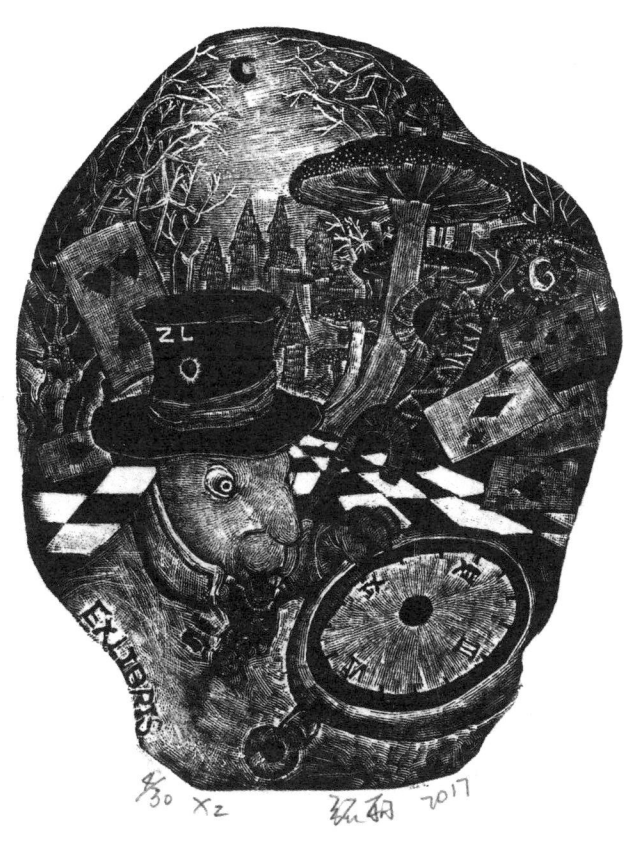

张丽｜爱丽丝梦游仙境｜ZL｜X2｜12.6cm×10.5cm｜2017

EX LIBRIS

6/20 X2　张津龄　2017.1.

张津龄｜X2｜14cm×10.8cm｜2017

L. 3/10.   张兰天 2013

张兰天｜搬｜ZLT｜L1｜10cm×5cm｜2013

L 23/32 张秋云 2013.1

张秋云丨思丨ZQY丨L1丨10.5cm×8cm丨2013

张维芹 ｜ 等待一双脚为我停留 ｜ ZHANG HONG ｜
X1/4 ｜ 13cm×13cm ｜ 2008

EXLIBRIS

ZHENG XING QIU

1/20　　L1/COL　　张维芹　09·07

张维芹 ｜ 沉思 ｜ ZHENG XINGQIU ｜
L1/COL ｜ 13.5cm×11.2cm ｜ 2009

张幼晖｜动物｜YH｜X2｜14cm×14.2cm｜2016

赵东波｜海上书屋｜半联斋｜L1/COL｜14.8cm×10.8cm｜2009

郑衡佳 | 出埃及记-1 | 半联斋 | L1S1 | 14cm×10cm | 2008

52149   21451   郑衡佳   2008.01

郑衡佳｜出埃及记-2｜星球｜L1S1｜14cm×10cm｜2008

10/30 森林里的爱情 L1 郑红伟 2015

郑红伟 | 森林里的爱情 | ZHW | L1 | 13cm×9cm | 2015

引50、P6　醉酒、人体旧　　周维、2007.12

周维｜醉酒人依旧｜ZHOU WEI｜P6｜13.8cm×10.2cm｜2007

18/50   MT+S1   周濒 09

周广能｜百家姓-1｜邵宏｜MT+S1｜13cm×9.7cm｜2009

周世佳｜肖像｜ZSJ｜L1｜9.8cm×9.8cm｜2017

周世佳｜智慧之树｜吴氏｜L1｜15cm×10.3cm｜2017

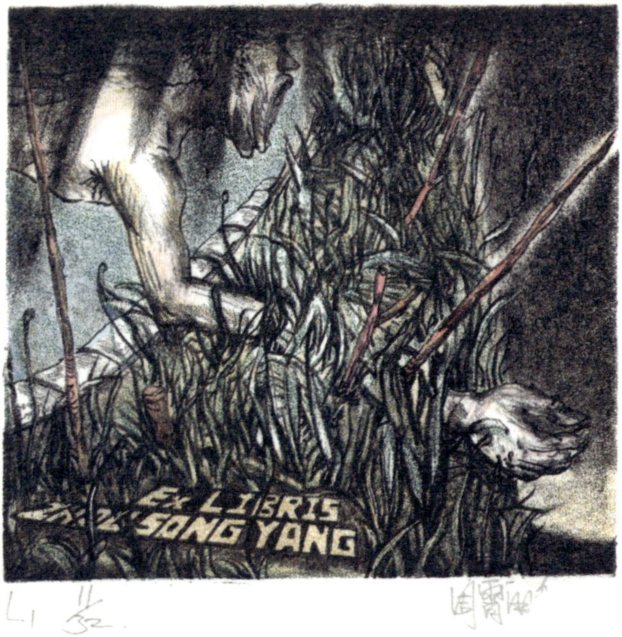

周霄鹏 | 寻 | AHOU SONGYANG | L1 | 13.4cm×15cm | 2007

朱华勇｜方向｜ZHY｜L1｜9.6cm×8.7cm｜2016

43/50　　　S.　　　朱华勇 2016年

朱华勇 ｜ 鹿影 ｜ ZHU HUAYONG ｜ S1 ｜ 15cm×10cm ｜ 2016

祝程｜海底两万里｜DMC｜L1｜10.3cm×8cm｜2015

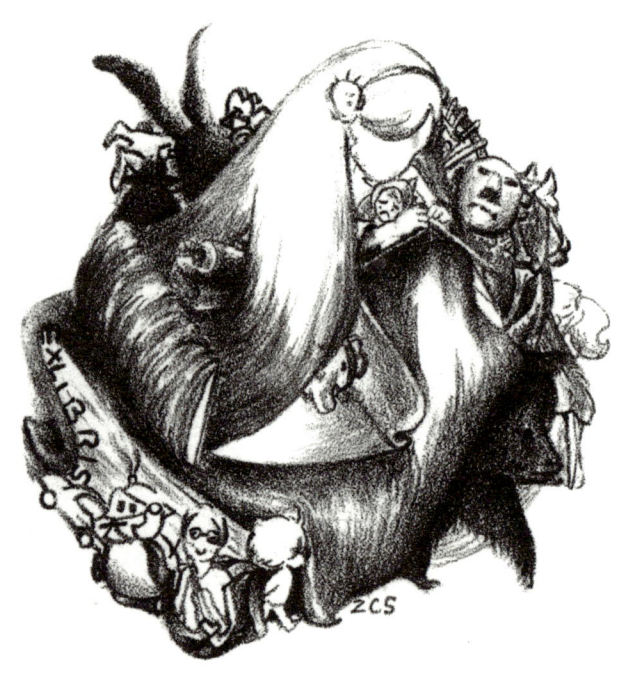

22/33 L1

庄楚珊 2014.1

庄楚珊｜童话｜ZCS｜L1｜8.5cm×8.2cm｜2014

附录 国际藏书票协会联盟（FISAE）认可的技法标记

根据第29届国际藏书票协会联盟会议修订的标准（丹麦，2002.8）整理

版式	技法标记	英文名称	中文名称	备注
凸版 Relief	X	Relief printing (blank)	凸版压印（盲印，古称拱花）	不上色
	X1	Woodcut	木刻版	木面木刻
	X2	Wood engraving	木口木刻	在木头横截面雕刻图像
	X3	Linocut	麻胶版	
	X4	Relief–printing of engraved or etched metal plates	蚀刻或镌刻金属凸版	铜、锌、铅等金属
	X5	Relief–printing of engraved or etched metal intaglio	蚀或镌刻金属凹刻凸印法	金属凹版凸印法
	X6	Relief–printed of other materials	其他材料的凸版	亚克力、塑胶版等
	X7	Stone stamp	石刻印章/中国篆刻	凸版捺印
	T	Typographic	活字版	
	T1	Linotype	行型活字版	
	T2	Photoxylography	照相复制木口木刻	
	T3	Rubber stamp	橡皮印章	
凹版 Intaglio	C	Intaglio printing (blank)	凹版压印（即空压、盲印）	不上色
	C1	Steel engraving	雕刻钢版	直接镌刻法
	C2	Copper engraving	雕刻铜版（直接镌刻法）	含其他软金属
	C3	Etching	腐蚀版	酸刻版
	C4	Drypoint	干刻版	直接刻画
	C5	Aquatint	飞尘版	

版式	技法标记	英文名称	中文名称	备注
凹版 Intaglio	C6	Soft-ground	软底防腐剂蚀刻版	
	C7	Mezzotint Etching	美柔汀（在密布点和线的金属版上刮磨，逐渐提亮，塑造出图像和层次）	先在金属版上用摇点刀摇点，或密集刻线
	C8	Non-metallic intaglio	非金属凹版	塑料凹版等
	P3	Heliogravure	照相凹版	感光蚀凹版
	P4	Rotogravure	轮转照相凹版	感光蚀凹版
	P10	Steel printing	腐蚀钢版	
平版 Lithographic	L1	Autolithography	直接石版	包括所有直接法
	L2	Autography	转写石版	
	L3	Zincography	锌石版	锌版平印法
	L4	Algraphy	铝石版	铝版平印法
	P1	Line block	线画版	复制版
	P2	Halftone	网纹版	复制版
	P5	Collotype	珂罗版	复制版
	P6	Photolithography	照相平版	转印平版（影写）
	P7	Offset	胶印平版	复制版
	P8	Original photograph	原作照相版	手工绘版感光
孔版 Silkscreen	S	Stencil	钢板蜡纸	手工刻印
	S1	Original serigraphy	原作丝网版	手工绘制网版
	S2	Mimeography	誊写丝网版	
	S3	Katazome	型染版（油纸模版）	日本孔版
	S4	Kappa	合羽版	切割胶膜制版
	P9	Photo silkscreen	照相丝网版	

版式	技法标记	英文名称	中文名称	备注
数码 Digital	CGD	Computer Generated Design	计算机原创设计	
	CRD	Computer Reproduced Design	计算机加工设计	
其他	Photocopy		文献影印收藏	影印件

一般来说，作品正面下方的白边贴近画面处，用铅笔由左向右依次标明：技法标记、序号/印数（艺术家自留样张标明A/P或A.P.,法文标法为E/A）、作者姓名、创作年代。

多色套版标注：在版式标记右边加斜线"/"，再写入套色次数。如四套色木刻为X1/4，若是手上彩则为X1/COL。

多种版式合用，必须标明所使用版式的单独标记，例如：雕刻铜版＋腐蚀法＋飞尘法即为C2 C3 C5；木版＋丝网版即为X1+S1等。